PISCINES IDÉALES

Direction artistique :
Mireia Casanovas Soley

Coordination éditoriale :
Catherine Collin

Coordination de projet :
Macarena San Martín

Textes :
Macarena San Martín

Mise en page :
Print-Plate. S.L.

Traduction :
Anne Dumail

Maquette de couverture :
Mathilde Dupuy d'Angeac

Projet éditorial :
2008 © LOFT Publications I Via Laietana, 32, 4.°, Of. 92 I 08003 Barcelone, Espagne
www.loftpublications.com

2008 © Éditions Place des Victoires, 6, rue du Mail - 75002 Paris, pour la présente édition

ISBN : 978-2-84459-186-9   Imprimé en Chine
Dépôt légal : 2ᵉ trimestre 2008

PISCINES IDÉALES

ÉDITIONS
PLACE DES
VICTOIRES

« Ce qui embellit le désert, c'est qu'il cache un puits quelque part. »

Antoine de Saint-Exupéry, écrivain et aviateur

L'harmonie et la continuité visuelles entre la mer et la piscine sont accentuées par les matériaux choisis pour la construction. Le gris ardoise et l'ocre pâle des dalles s'accordent avec les tonalités marines environnantes ; le mobilier de la terrasse emprunte la même gamme de couleurs. L'originalité de la forme de la piscine, en demi-lune, conforte l'élégance de l'ensemble.

PISCINE À MALIBU

Barry Beer Design

Malibu, États-Unis

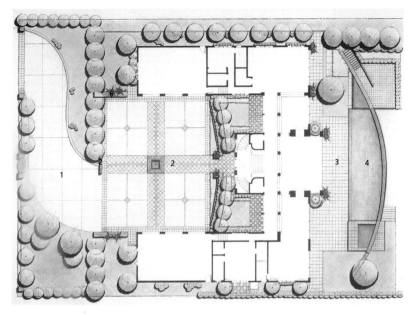

Plan du site

1. Entrée
2. Maison
3. Terrasse
4. Piscine

Les éléments du mobilier en paille teintée
atténuent le style minimaliste voulu par les
architectes. Ces teintes naturelles renforcent
l'atmosphère de sérénité des lieux.

La piscine, au bord d'une falaise, est entourée d'un canal extérieur qui fait à la fois office de barrière de sécurité et de bassin de débordement. Le dessin, aux courbes et à l'asymétrie marquées, est directement inspiré des formes de la nature. Le fond de la piscine est recouvert de bleu et de différents tons de gris, afin de simuler l'eau de mer.

VILLA À PACIFIC HEIGHTS

Joan Roca Vallejo, Daniel Coen

Playa Potrero, Costa Rica

La piscine de cette maison se trouve en rez-de-jardin. La terrasse occupe le niveau intermédiaire ; à l'étage supérieur se trouvent les pièces d'habitation. Compte tenu des différences de niveaux du terrain, cette construction constitue un ensemble au design tout à fait fonctionnel.

VILLA BELLATERRA

Dalibos Studis

Cerdanyola del Vallés, Espagne

Cette piscine allie béton, marbre ivoire et pâte de
verre bleu électrique pour les revêtements – qui
contrastent avec le blanc et le bois de lapacho
prédominant alentour. Elle se fond parfaitement
dans son environnement.

Cette villa a été construite au sommet d'une falaise surplombant l'un des meilleurs points de vue sur le lac Travis. La construction se répartit sur plusieurs niveaux en raison de l'irrégularité du terrain. La piscine est en pierre à chaux, reflet du désir des architectes de lui donner un air rustique et d'unir la nature, l'eau et l'habitation.

VILLA SPICEWOOD

Miró Rivera Architects

Austin, États-Unis

À la différence de ce qui se fait habituellement, cette piscine n'a pas été construite au rez-de-chaussée, mais au-dessus des principales pièces d'habitation. Les architectes voulaient ainsi éviter l'ombre des bâtiments et de l'épaisse végétation des alentours. Les reflets de l'eau sur les vitres procurent une sensation de détente.

JALAN AMPANG

Guz Architects

Singapour, Singapour

La construction tout en longueur de cette piscine
permet d'y pratiquer sérieusement la natation.
Une barrière métallique presque imperceptible,
conformément aux principes du design
minimaliste et fonctionnel, court au bord.

Pour unir symboliquement la piscine à son cadre, les architectes ont créé un chemin en granit qui entre dans le bassin et ressort de l'autre côté pour former une cascade d'eau verticale. Le sol de cette piscine rectangulaire de 1,5 mètre de fond est recouvert de pâte de verre bleue, contrastant avec les plantes environnantes.

MOENHOURT

Jane Fullerton & Jamie Loft / Out From The Blue

Sydney, Australie

Une plate-forme en bois sert de plongeoir ou de banc pour prendre le soleil. Une zone peu profonde, à l'une des extrémités, permet de créer deux espaces différents, l'un dédié aux jeux et l'autre à la nage et à la détente.

La grande originalité de cette piscine, construite dans le jardin d'une villa, est sa forme en L, soulignée par deux minces couloirs de bois. Elle paraît plus grande qu'elle n'est car l'eau arrive au niveau même du caillebotis qui l'enserre.

WILLIAMS

Jane Fullerton & Jamie Loft / Out From The Blue

Sydney, Australie

L'eau joue un rôle essentiel dans l'ambiance minimaliste de cette maison, tout comme le choix du blanc pour les sols extérieurs, le mobilier restreint et l'emploi mesuré des tons terre ou rose. La végétation environnante s'y reflète.

Cette maison, composée de deux corps de bâtiment en U, se trouve au cœur d'une végétation exubérante, dans un environnement privilégié, proche de la mer. Les deux parties sont reliées par un espace à vivre comportant notamment un coin destiné à la présentation d'œuvres d'art et où la piscine tient une place de choix, entourée d'une surface en teck.

CASA PIERINO

Alberto Burckhardt

Barú, Colombie

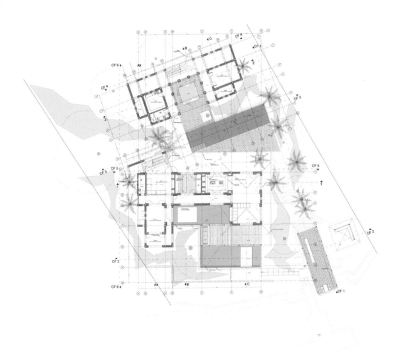

Plan du rez-de-chaussée

À côté de la piscine, un coin dédié à la détente a
été aménagé avec deux grandes chaises longues
en bois.

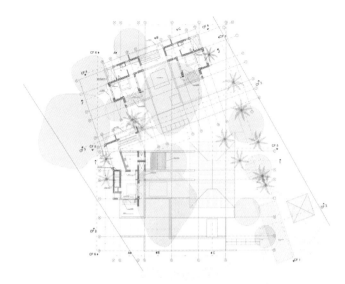

Plan du premier étage

Le blanc des murs contraste avec les couleurs de
la végétation et le teck autour de la piscine.

La construction d'une structure quelle qu'elle soit sur une falaise invite à créer un ensemble de niveaux et plates-formes où les espaces se différencient et se superposent. Dans le cas présent, la disposition d'origine a permis de construire une piscine avec débordement afin que les propriétaires puissent admirer le paysage grandiose, depuis la terrasse comme les pieds dans l'eau.

MAISON SURPLOMBANT LA MER

Estudio Muher

Murcie, Espagne

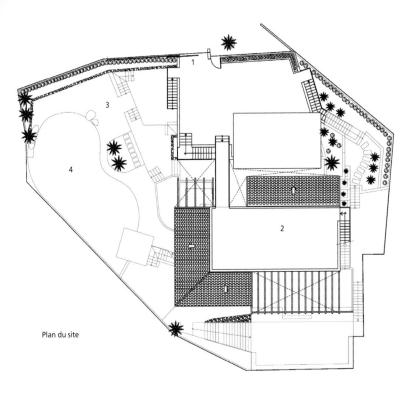

Plan du site

1. Entrée côté rue
2. Maison
3. Jardin
4. Piscine

Le bleu de l'eau contraste avec la clarté de la pierre naturelle, qui est une constante dans la décoration du jardin.

Cette piscine en L est construite avec un côté en débordement, vers la vallée. La margelle est en pierre polie et dorée. Les parois du bassin ont été recouvertes de pierre turquoise. Au milieu d'une végétation exubérante, cet espace ne présente aucune décoration superflue, ce qui permet d'admirer la beauté du cadre alentour et celle de la construction elle-même.

CASA DE SUEÑOS

Joan Roca Vallejo

Nosara, Costa Rica

Situé dans un jardin tropical, cet ensemble est
partiellement recouvert d'une structure en poutres
de bois. D'un côté de la terrasse, une sorte de
gloriette abrite un coin qui invite au repos.

Construite dans un cadre au style rustique prononcé, cette piscine a été conçue selon les principes de l'architecture médiévale, tout comme la propriété qui l'abrite. Située à un niveau inférieur, la piscine permet non seulement aux baigneurs d'admirer une construction originale, mais aussi de jouir de la vue panoramique sur la vallée avoisinante.

MAISON MÉDIÉVALE À PANZANO

Marco Pozzoli

Florence, Italie

Les parois de la piscine sont recouvertes de grands blocs de pierre naturelle aux formes irrégulières, qui se marient avec le style rural du lieu. L'absence de bords donne de l'élégance à la construction.

Cette piscine d'eau thermale à la forme rectangulaire est construite en travertin blanc perle non poli. Elle se trouve à l'extérieur d'une villa de style méditerranéen. Une petite gloriette, comme un minuscule refuge, donne un style intimiste à ce coin du jardin.

VILLA PALOMARES

Raymond Jungles

Miami, États-Unis

Cette piscine a été construite à l'extérieur d'une maison au style minimaliste et assez rustique à la fois. La demeure est située sur un terrain pentu, mais se présente sur un seul plan face à la plaine. Les murs sont recouverts de pierre. La piscine est en débordement sur l'un de ses côtés et paraît ainsi se fondre dans la végétation alentour.

VILLA À VALENCE

Ramón Esteve / Estudio de Arquitectura

Valence, Espagne

Plan du site

1. Entrée côté rue
2. Cuisine
3. Séjour
4. Séjour
5. Chambre
6. Piscine
7. Jardin

La piscine en forme de L communique avec la
terrasse par un passage qui se transforme en
jacuzzi à une extrémité. La pierre est encore une
fois l'élément de base de la construction.

Ce qui frappe le plus dans cet ensemble est la volonté de l'architecte de construire une piscine originale. Attenante à l'habitation et surplombant l'une des extrémités du bassin, une sorte de portique diffuse de la musique (haut-parleurs intégrés) et dispense de la fraîcheur par le biais de fins jets d'eau. Plusieurs matériaux ont été employés : bois d'acajou et carreaux aux formes géométriques.

MAISON SUGERMAN

Barry Sugerman

Miami, États-Unis

Dans cette propriété à l'horizontalité marquée et d'une blancheur immaculée, la piscine contraste doublement : de par ses formes courbes et le bleu vif de ses carreaux. Le motif du cercle et de la courbe se retrouve d'ailleurs à plusieurs reprises dans le jardin et sur la terrasse.

VILLA SHERMAN

Barry Sugerman

Miami, États-Unis

Les principaux matériaux employés sont le béton,
la pâte de verre bleue et l'acier peint en blanc.
Pour parfaire cet ensemble aquatique, un jet
d'eau s'échappe d'un muret en carreaux comme
une fontaine.

Cette piscine aux dimensions impressionnantes tire parti de la pente naturelle du terrain sur lequel se dresse la maison. Son dessin reproduit un paysage particulier, comme un lac naturel avec de petits îlots de pierre. L'ensemble constitue une oasis à la végétation abondante d'espèces typiques de cette vallée du Costa Rica.

TEMPATE

Joan Roca Vallejo

Santa Cruz, Costa Rica

Cette construction spectaculaire a pour
caractéristique majeure l'emploi de matériaux
bruts qui donnent à la piscine une apparence
plus naturelle. Cet effet est renforcé par le bleu
gris de l'eau.

Cette piscine en forme de T se trouve dans le jardin d'une villa de style marocain, au bord d'une plage caribéenne du Costa Rica. À l'une de ses extrémités se trouve une aire dédiée au repos et à la détente, qui peut également servir de cadre à un dîner intime. La terrasse qui s'étend tout autour de la piscine a été carrelée de mosaïques en céramique.

VILLA MARRAKECH

Joan Roca Vallejo, Abraham Valenzuela

Playa Langosta, Costa Rica

L'intérieur de la piscine est recouvert d'un
mélange de poudre de marbre, de ciment blanc
et de quartz noir, ce qui donne à l'eau une
apparence proche de celle d'un fond sous-marin.

Cette piscine de forme rectangulaire a été construite en béton puis recouverte de pâte de verre bleu foncé. Le résultat convient au style recherché par l'architecte et par les propriétaires : l'ensemble, à la fois harmonieux et fonctionnel, se fond parfaitement dans son environnement naturel.

CASA VARELA

Carlos Nieto, Jordi Tejedor (décorateur)

Sant Cugat del Vallés, Espagne

Cet espace aquatique a été construit tout en préservant l'esprit de la maison et de ses environs : un style rural typique de cette contrée méditerranéenne. L'ensemble est donc très discret, avec une piscine en forme de L et une pergola aux lignes simples. Le sol autour de la piscine est recouvert de dalles en terre cuite, typiques de la région.

MAISON DE CAMPAGNE À GÉRONE

VIRIDIS

Gérone, Espagne

Une zone de repos a été aménagée autour du
bassin afin de profiter du lieu et du paysage.

Les larges marches d'accès offrent également un
espace de détente.

L'aspect rigoureux de cette demeure aux lignes simples et droites, parée de brique, est adouci par une vaste terrasse en bois, de grandes plantes et un mobilier aux formes douces. La piscine aux lignes classiques comporte des margelles blanches. À l'une de ses extrémités, une pergola minimaliste, aménagée en coin détente avec des meubles d'extérieur en fibre naturelle, protège de la vive lumière du soleil.

MAISON À PEDRALBES

Joan Puig / Ayguavives, Arborètum (paysagiste)

Barcelone, Espagne

Les marches d'accès et le fond de la piscine sont recouverts de carreaux en pâte de verre bleue. Le sol de la terrasse et le tour de la piscine sont en teck.

Cette piscine de style classique, aux dimensions impressionnantes, appartient à une maison 1900 située entre la ville d'Alicante et la côte méditerranéenne. Le bassin est construit en béton armé, le sol et les parois sont recouverts d'une fine couche de mortier imperméable blanc. À l'une de ses extrémités, un mur fait office de séparation et protège l'intimité des habitants de la maison.

VILLA JOAQUÍN GALLEGO

Joaquín Gallego

Alicante, Espagne

Pour les deux escaliers d'accès à la piscine, on a
choisi un revêtement en pierre calcaire typique
de la région qui se marie aux couleurs de la
maison : le blanc et le sable sont en effet les
couleurs dominantes.

Le blanc domine l'ensemble de cet espace et contraste avec la couleur terre des murs, elle-même en harmonie avec les teintes des arbres environnants. La piscine, au style nettement minimaliste, a été conçue pour le plaisir d'une famille.

MATTURUCCO

Mira Martinazzo

Melbourne, Australie

Le mur en marbre gris qui se dresse sur le côté
de la piscine est un élément décoratif qui
masque l'entrée d'une douche construite à
l'arrière.

Cette construction aquatique se dresse dans un environnement d'une grande
beauté. Elle a été conçue pour se fondre dans le paysage. La pâte de verre de
plusieurs tonalités de bleu qui recouvre le fond de la piscine crée un jeu visuel
au fort impact chromatique. Sur la terrasse, le revêtement en pierre dure
alterne avec des zones de gazon.

VILLA À RIO

Bernardes Jacobsen Arquitetura

Rio de Janeiro, Brésil

Cette maison se trouve dans l'un des quartiers les plus luxueux de Sitges. Une piscine de style classique, rectangulaire, suivant les lignes horizontales et verticales de la villa, y a été construite. Le blanc est la couleur dominante et des dalles en pierre calcaire entourent la piscine. Le vert du gazon alentour en fait ressortir la beauté.

MAISON À SITGES

Alfons Argila

Sitges, Espagne

Cette piscine à la forme ondulée a été construite sur un terrain pentu. À l'une de ses extrémités, un débordement procure un effet visuel étonnant, fondant les eaux au paysage, démarche typique des constructions d'avant-garde. On remarquera la pâte de verre de couleur vert foncé, qui contraste avec le bois de la plate-forme de la terrasse et les surfaces en pierre naturelle.

MAISON À BELLATERRA

Antonio Piera, Miquel Gres, Cuca Vergés

Cerdanyola del Vallès, Espagne

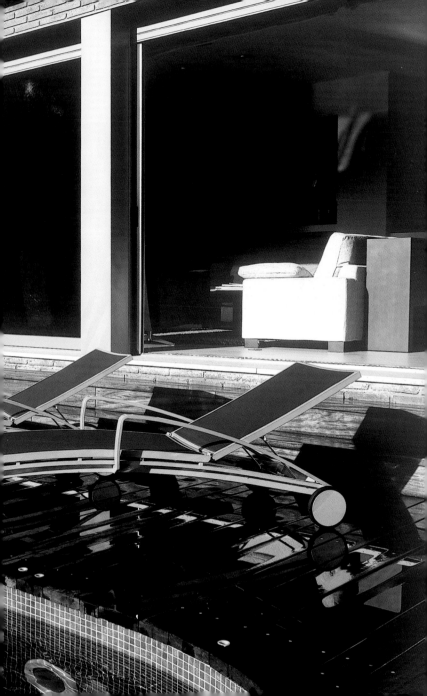

L'originalité de cette piscine tient à sa forme triangulaire peu commune.
Ses lignes suivent d'ailleurs celles de la villa, en miroir. Au rez-de-chaussée, la
terrasse s'étend dans le prolongement de la piscine. Elle est par endroits dallée
ou recouverte d'un caillebotis en bois de lapacho.

MAISON SUR LA CÔTE DU GARRAF

Alberto Martínez Carabajal, Salvador García

Sitges, Espagne

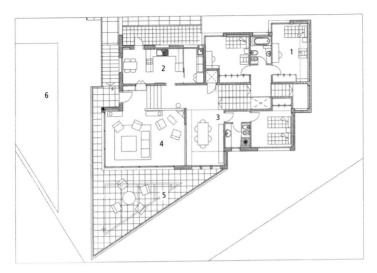

Plan du site

1. Chambre
2. Cuisine
3. Salle à manger
4. Séjour
5. Terrasse
6. Piscine

Le charme de cette piscine tient avant tout à l'effet procuré par le débordement en aval. Le mélange de blanc et de bleu donne une note nettement méditerranéenne.

Cette piscine a été construite sur un terrain rocheux. Ouverte sur le paysage alentour, elle se caractérise par sa forme rectangulaire et l'ardoise multicolore qui revêt sa paroi extérieure. L'emploi de ce matériau a permis d'intégrer dans une parfaite harmonie ce lieu dans la nature. Une sculpture de Álvaro de la Dehesa ajoute une note artistique.

MAISON À LES BOTIGUES

Javier de Lara Barloque / La Manigua

Sitges, Espagne

Cette piscine en forme de L a été conçue pour former un espace à la fois familial et convivial. Elle se trouve sur une terrasse plane, parallèle au corps de bâtiment principal. La villa se reflète dans le côté le plus court du bassin. Le mobilier aux formes simples, la cheminée extérieure et la pergola accentuent l'ambiance chaleureuse de ce lieu.

VILLA GARZA

Miró Rivera Architects

Austin, États-Unis

Le jet d'eau en forme de cascade sur l'avant de
la maison est décoratif. Le mur de cette partie
a été recouvert de carreaux couleur terre, qui
contrastent avec la pâte de verre bleue du fond
de la piscine.

La piscine donne un charme supplémentaire à cette bâtisse déjà spectaculaire et dotée d'un point de vue unique. Recouverte de carreaux de mosaïque noire, elle est le fruit d'une conception originale et sans frontières. Elle se fond d'ailleurs parfaitement dans son environnement et invite à la détente et à la contemplation du paysage.

VILLA YODER

Michael P. Johnson

Phoenix, États-Unis

Plan du site

1. Maison
2. Terrasse
3. Piscine

La terrasse entourant la piscine, située côté sud, est un espace de vie à l'air libre, décoré sobrement. Cet endroit a clairement été conçu pour la détente et le bien-être.

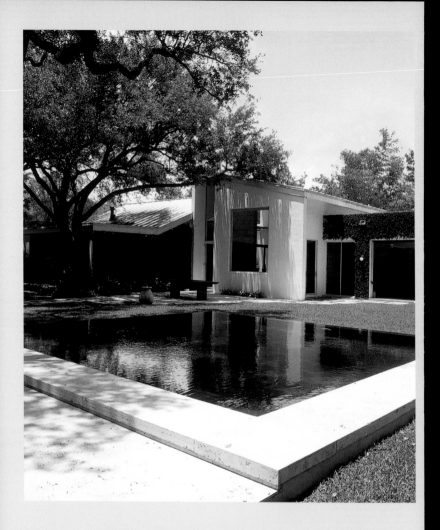

Cette piscine utilise un système qui récupère l'eau de plusieurs canaux entourant l'extérieur du bassin. Le fond de marbre travertin noir brille sous la lumière du soleil. Ce même matériau, en blanc, recouvre la margelle du bassin. Si le contraste avec l'environnement est frappant, cette alliance est néanmoins étonnamment réussie.

MAISON CHESTER

Raymond Jungles

Miami, États-Unis

Un jardin occupe le centre de la maison et entoure la piscine, au carré presque parfait. À une extrémité, se dresse la sculpture d'un lion dans les teintes sombres du bassin.

Cette maison se trouve sur un terrain très pentu, ce qui explique pourquoi le bâtiment se présente sur trois niveaux. La terrasse, comme un mirador, occupe l'étage inférieur. Elle comporte une piscine discrète aux formes courbes, située à l'extrémité du terrain. Le revêtement qui l'entoure est en pierre naturelle.

MAISON À NOSARA

Joan Roca Vallejo, Abraham Valenzuela

Nosara, Costa Rica

La forme courbe au bout de la piscine donne
l'impression que l'eau tombe depuis la falaise.
Une rigole construite au pied de la paroi
extérieure de la piscine récupère l'eau qui
déborde.

Pour cette luxueuse villa, l'architecte est parvenu à créer une harmonie totale entre le jardin et la piscine d'un côté et la végétation alentour de l'autre. Le marbre travertin clair choisi pour les dalles de la margelle et des marches d'accès donne une unité chromatique aux abords de la piscine, qui contraste avec les teintes sombres du bassin.

VILLA KEY BISCAYNE

Luis Auregui, Laure de Mazieres

Miami, États-Unis

L'originalité de cet ensemble réside
essentiellement dans l'utilisation de pâte de
verre noire, qui apporte une note inattendue.
L'idée était de créer un espace dans des teintes
sombres – noir et vert – qui se marient
parfaitement avec l'esthétique des environs.

Architecture et nature sont en parfaite harmonie si l'on considère les parties à vivre de cette maison. Les parois de la piscine sont recouvertes de pâte de verre verte, avec des débordements sur trois côtés. Elle se fond totalement dans la verdure des environs. Dans le même style sobre et minimaliste, une grande surface en teck relie les portiques et les ailes de la maison à la piscine.

CASA MALDONADO

Alberto Burckhardt

Anapoima, Colombie

Les matériaux employés pour cette piscine sont à la fois variés et originaux. Ardoise en jade d'Inde pour le fond, pierre naturelle disposée de façon irrégulière sur la margelle et pierres simples pour décorer. La piscine en forme de larme imite la crête de la vallée qui abrite cette maison. Design d'avant-garde et emploi de couleurs neutres, essentiellement du gris, du blanc et du noir.

PISCINE BENIOFF

Lundberg Design

Santa Elena, États-Unis

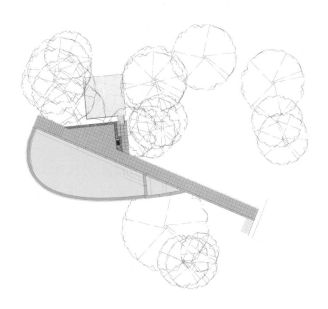

Plan de la piscine

Le contraste entre les tons neutres de la piscine
et les couleurs vives des alentours – terre ou vert
– crée un effet visuel intéressant, renforcé par le
panorama grandiose dont bénéficie cette
maison.

L'architecte a conçu cette piscine comme un élément de plus dans la nature, cherchant à l'intégrer au maximum dans cet environnement privilégié. Au final, le design d'avant-garde du bassin contraste avec le style architectural de l'ensemble de la maison, typiquement rustique et sans décoration ni éléments superflus.

MAISON MELCIOR

Patrick Genard

Gérone, Espagne

La piscine a été conçue comme une grande lame aquatique qui s'intègre parfaitement à la nature environnante. La pierre, matériau-clé de cette construction, joue un rôle essentiel dans cette perspective.

La villa Na Xamena se trouve dans l'un des derniers espaces vierges de la carte écologique d'Europe. Toute la construction, piscine comprise, est conçue dans le but d'harmoniser espace bâti et nature : cascades et cours d'eau, patios, arcades, galeries, architecture traditionnelle blanche accompagnée d'une décoration de type ethnique balinais ou arabe.

NA XAMENA

Ramon Esteve / Estudio de Arquitetura Design

Ibiza, Espagne

Les couleurs de cette piscine face à la
Méditerranée ont été créées à partir de pigments
naturels, tout comme le gris de la terrasse ou le
blanc de la façade.

Crédits photographiques